EXCAVANDO EN EL SIGNIFICADO DE BIBLIA

Más allá de las palabras

SALLIE LATKOVICH, CSJ

LIBROS LIGUORI
One Liguori Drive ▾ Liguori, MO 63057-9999

Imprimi Potest:
Harry Grile, CSsR
Provincial de la Provincia de Denver
Los Redentoristas

Publicado por Libros Liguori
Liguori, MO 63057-9999
Para hacer pedidos llame al 800-325-9521.
www.librosliguori.org

Library of Congress Cataloging-in-Publication Data

Latkovich, Sallie.
[Mining the meaning of the Bible. Spanish]
Excavando en el significado de la Biblia : más allá de las palabras / Sallie Latkovich.
p. cm.
ISBN 978-0-7648-2050-2
1. Bible--Textbooks. 2. Christian education--Textbooks for youth--Catholic. I. Title.
BS606.3.L3818 2011
220.6'1--dc22
2011001856

Libros Liguori, una corporación sin fines de lucro, es un apostolado de los Redentoristas. Para más información, visite Redemptorists.com.

Impreso en Estados Unidos de América
14 13 12 11 10 5 4 3 2 1

Índice

Prefacio

Hace algún tiempo, mi sobrina, Nancy, estaba por celebrar su cumpleaños. Quería hacerle un regalo y pensé que podría obsequiarle un libro. Su padre me preguntó: "¿Conoces algún libro que pueda ayudar a Nancy a entender mejor la Biblia? Tiene muchas preguntas al respecto".

Sabía que podía encontrar algo. En casa tengo muchos catálogos con libros de ese estilo... o al menos, creía tenerlos. Encontré muchas Biblias para niños, pero ningún libro que pudiera ayudarle a entender la Biblia. Por este motivo, me decidí a escribir un libro para ella –y para ti– de forma que pudiéramos iniciar una excavación buscando los tesoros de la Biblia. Se lo regalé en su fiesta de cumpleaños. Lo leyó en voz alta y todos los que la escucharon querían una copia.

Después compartí mi libro con muchos otros amigos. Comencé a utilizarlo en clases, presentaciones y talleres para adultos: catequistas, agentes de pastoral, grupos de adultos en parroquias y alumnos de las clases del Rito de Iniciación Cristiana para Adultos (RICA).

En mis presentaciones, hacía ver que la Biblia es toda una biblioteca. La palabra "biblia", de hecho, viene del griego *biblos*, que significa simplemente "libro". La palabra "Escritura", que significa "Escrituras Sagradas", también se utiliza para referirse a Ella.

Cuando nos reunimos con personas de confesión cristiana, esto es, que creen en Dios o que se han unido para rendirle culto, escuchamos lecturas de la Biblia. Durante estas reuniones, al leer en voz alta fragmentos de estos libros, creemos en que la Biblia es la palabra de Dios. La primera parte de la Misa es la Liturgia de la Palabra. El lector lee los pasajes y los proclama de tal manera que la gente quiera escucharlos. Desean escuchar la palabra de Dios. Eso significa que para nosotros son libros muy importantes y que son el medio por el que Dios se comunica con nosotros.

EL VIEJO Y CONOCIDO REFRÁN DICE: "DALE A UN HOMBRE UN PESCADO Y COMERÁ UN DÍA. ENSÉÑALE A PESCAR Y COMERÁ TODA LA VIDA".

Deseo que este sencillo libro sea para muchos una ayuda, un punto de partida para nutrirse con la palabra de Dios a lo largo de toda su vida.

CAPÍTULO 1

¿Cómo fueron escritos los libros de la Biblia?

Originalmente los libros de la Biblia no eran realmente libros. Recuerda que en la antigüedad las personas no contaban con radio, televisión o periódicos, mucho menos Internet, *YouTube*, *Facebook*, teléfonos celulares o mensajes de texto.

El único modo en que la gente podía saber lo que estaba sucediendo era transmitiendo la palabra de boca en boca y narrando las cosas una y otra vez. Esto es lo que conocemos como "tradición oral". De esta manera se transmitían las historias. En el caso de la Biblia eran narraciones de fe, enraizadas en la historia y, sobre todo, inspiradas por Dios.

Como todo el mundo hablaba, especialmente con las narraciones que no entendían, la gente trataba de comprender el significado de los relatos. ¿Qué debían aprender de ellos las personas? Todas las historias nos enseñan algo, ¿no es así? En la Biblia, los pormenores históricos de un relato no eran tan importantes como lo que Dios estaba queriendo decir y hacer.

De hecho, cuando los antiguos escuchaban las historias, se preguntaban: "¿Qué es lo que Dios nos quiere decir?" Las historias despertaban la fe en sus corazones. No sólo conocían más sobre Dios, conocían mejor a Dios mismo.

Con el paso del tiempo, amigos y familiares conversaban sobre el significado de aquellos relatos. Oraban juntos para comprenderlos mejor, y por supuesto, seguían contándolos unos a otros. Algunas historias fueron narradas para enseñarnos algo, para explicarnos algún aspecto del mundo o para decirnos cómo se relaciona Dios con nosotros. Sin embargo, las historias no se limitaban a eso, también enseñaban acerca de Dios, y por qué y cómo Dios actuaba en favor de aquellos hombres.

Finalmente, después de mucho tiempo, algunas personas –habiendo sido inspiradas por Dios– decidieron poner por escrito aquellas historias. Tenían miedo de que fueran olvidadas y sabían que, poniéndolas por escrito, se conservarían. Hoy en día sabemos que aquellos creyentes tenían razón. Efectivamente, tenemos por escrito las mismas historias.

Es muy importante tener presente que Dios inspiró a los autores para que escribieran los libros que creemos ser su Palabra. Exactamente igual que las personas de hace miles de años, cuando leemos o escuchamos las narraciones de la Biblia, queremos saber qué significan. Tratar de entender estas historias es un proceso. Es como un minero en busca de oro. Ese proceso requiere esfuerzo, trabajo duro y constancia. Tiene que limpiar y depurar mucho material para encontrar el oro auténtico, debe cavar y llegar a niveles más profundos, cada uno de ellos con su propio significado. Estas historias tienen un valioso mensaje de Dios para nosotros.

Repasemos brevemente el modo en que se escribió la Biblia:

- La gente percibió lo que estaba sucediendo en sus vidas y en el mundo.
- Reflexionaron en estos eventos, con la inspiración de Dios, buscando el significado de las acciones de Dios.
- Los significados –los mensajes– se convirtieron después en la parte más importante de los relatos, transmitiéndose dentro de las familias, de generación en generación.
- Estas historias inspiradas por Dios y sus mensajes fueron puestos por escrito para que la gente no las olvidara.

Los mensajes de Dios para nosotros están contenidos en la Biblia, pero debemos excavar para encontrar su significado. Debemos mirar más allá de la materialidad de las palabras y llegar a niveles más y más profundos para entender su significado.

Pueblos del Antiguo Testamento

Pueblos vecinos de Israel

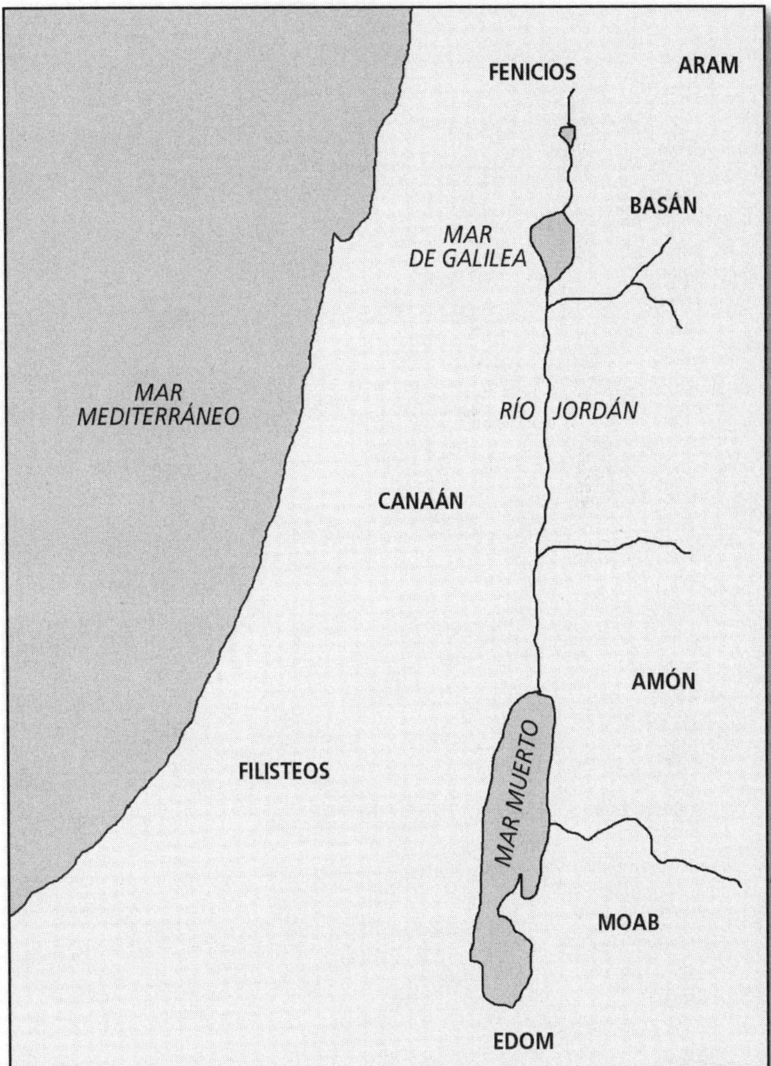

Lugares importantes en la vida de Jesús

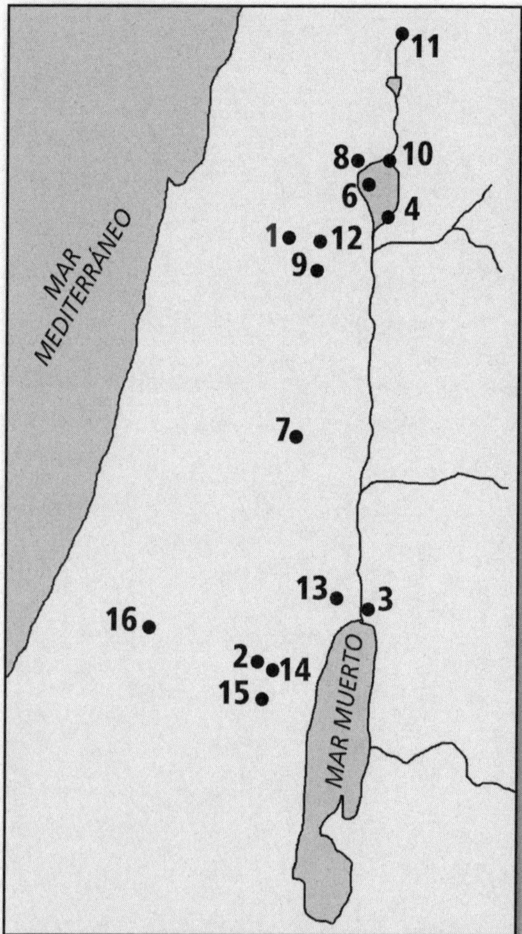

1. Nazaret
   Lucas 1–2
2. Belén
   Lucas 2:11
3. Jordán
   Mateo 3:13
4. Mar de Galilea
   Marcos 1:16–19
5. Caná
   Juan 2:1–11
6. Mar de Galilea
   Mateo 14:22–23
7. Sicar
   Juan 4:5
8. Cafarnaún
   Juan 6:17
9. Naín
   Lucas 7:11–17
10. Betsaida
    Lucas 9:10–17
11. Cesarea de Filipo
    Marcos 8:27
12. El Monte Tabor
    Marcos 9:2
13. Jericó
    Marcos 10:46–52; y Lucas 19:1–10
14. Betania
    Juan 11:1–44
15. Jerusalén
    Juan 19 y Mateo 28
16. Emaús
    Lucas 24:13–35

El cristianismo en el siglo I

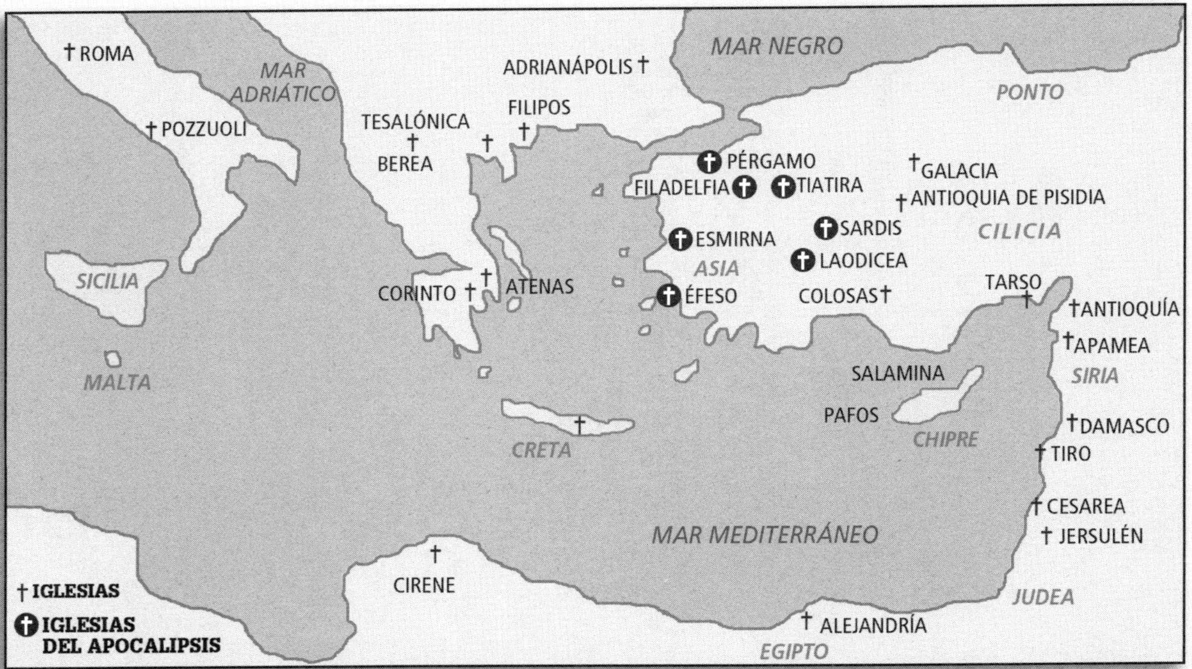

CAPÍTULO 2

Algunas palabras que utilizamos y su significado

La Biblia se divide en dos partes principales: el Antiguo Testamento y el Nuevo Testamento. Todo el Antiguo Testamento tuvo lugar antes del nacimiento de Cristo; el Nuevo Testamento se centra en la vida de Cristo y en la Iglesia primitiva.

La primera parte de la Biblia contiene historias del antiguo pueblo de Israel, esto es, de los hebreos. Algunos los libros del Antiguo Testamento fueron escritos cientos de años después de que los hechos habían ocurrido. La gente contaba las historias una y otra vez y, más tarde, se decidió ponerlas por escrito. Algunos de los hechos descritos en el Antiguo Testamento en realidad nunca sucedieron. Se trata de relatos con un mensaje teológico encarnados de algún modo en la historia humana. Sin embargo, lo importante no es el evento histórico en cuanto tal, sino el mensaje que nos quiere transmitir. Es el mensaje el que es verdadero. Por esta razón lo que buscamos es el significado.

El Nuevo Testamento en ocasiones se conoce como la Biblia cristiana, porque aun siendo de la época de Cristo, es también muy antigua. Los primeros evangelios acerca de la vida de Jesús fueron escritos casi cuarenta años después de su muerte y resurrección, es decir, hace cerca de dos mil años.

EVANGELIO

La palabra "evangelio" significa "buena noticia". Por ello se canta el "Aleluya" antes de la proclamación del Evangelio en la Misa. Cantar el "Aleluya" significa alabar a Dios porque estamos a punto de escuchar la Buena Nueva. Los cuatro Evangelios nos narran hechos sobre Jesús: su vida, sus enseñanzas, sus milagros, su muerte y su resurrección. Por ello, ¡los relatos sobre Jesús son siempre una buena noticia!

En ocasiones, el Evangelio no suena como una buena noticia. Muchas veces no es fácil vivir como Jesús quiere que vivamos. Sin embargo, el Evangelio es siempre una buena noticia para todos, incluyendo a los pobres, a los rechazados o a los que son marginados por la sociedad. Jesús nunca los ignoró –ni a ninguna otra persona– y su Buena Noticia de salvación eterna tampoco lo hará.

TRADUCCIÓN E INTERPRETACIÓN

¿Tienes algún amigo que habla una lengua que no conoces? Cuando hablan en ese idioma, alguien debe traducirte. Los traductores nos ayudan a entender las palabras de otro idioma y cultura mientras que, al mismo tiempo, intentan mantener el sentido de los textos originales. Ayudan a hacer un solo mundo.

> **UNA BUENA TRADUCCIÓN NOS PERMITE ENTENDER EL VERDADERO SIGNIFICADO DE UN TEXTO, PERO UNA MALA TRADUCCIÓN PUEDE DAR LUGAR A EQUÍVOCOS.**

Los intérpretes hacen lo mismo. No sólo se aseguran de que un idioma sea traducido correctamente, sino también de que se respete el sentido de lo traducido.

Toda Biblia en español es una traducción de otro idioma. Los libros de la Biblia han sido traducidos a partir de los idiomas hablados antiguamente en Oriente Próximo, esto es, del hebreo, del griego y del arameo.

Algunas de las Biblias con que contamos en español, fueron traducidas primero de esas lenguas antiguas al latín, al francés o al alemán. Posteriormente alguien las tradujo al español. Esto puede hacer aún más difícil la comprensión de los relatos. En la actualidad, la mayor parte de las Biblias en español han sido traducidas directamente de las lenguas originales de la Biblia.

Traducir de un idioma a otro no es fácil. Una buena traducción nos permite entender el verdadero significado de un texto; una mala traducción puede dar lugar a equívocos. Por ello, contar con una traducción que respete el sentido original del texto es muy importante.

He aquí un ejemplo: en el capítulo 8 del Evangelio de Marcos, versículo 31, Jesús habla a los discípulos de su muerte y resurrección. Para los discípulos, esto debió haber sido algo muy difícil de aceptar. Fue difícil para ellos –y lo es también para nosotros– pensar en su Mesías como alguien que tenía que sufrir y morir. En la mayoría de las traducciones de este pasaje, se dice que Pedro llevó aparte a Jesús para "reprenderlo". Como cuando sus papás lo llevaban aparte para corregirlo por haber dicho algo malo. Un traductor eligió la palabra "censurar", aunque otra similar podría haber sido mejor. En una traducción –o interpretación– diferente de la misma historia, se dice que Pedro llevó aparte a Jesús para "hacerlo callar".

Por lo que conocemos acerca de la amistad entre Jesús y Pedro, ¿cuál término suena mejor para ti? ¿No sería natural ver a Pedro intentando que Jesús dejara de hablar de su muerte? Por supuesto. Las traducciones pueden ser difíciles, una palabra puede cambiar todo el sentido de la narración. Sin embargo, gracias a la interpretación católica y romana, la Biblia conserva su significado esencial.

CITAS DEL CATECISMO ACERCA DE LA SAGRADA ESCRITURA

* A través de todas las palabras de la sagrada Escritura, Dios dice sólo una palabra, su Verbo único, en quien él se da a conocer en plenitud: 64

> Recordad que es una misma Palabra de Dios la que se extiende en todas las escrituras, que es un mismo Verbo que resuena en la boca de todos los escritores sagrados, el que, siendo al comienzo Dios junto a Dios, no necesita sílabas porque no está sometido al tiempo. 65

Por esta razón, la Iglesia ha venerado siempre las divinas Escrituras como venera también el Cuerpo del Señor. No cesa de presentar a los fieles el Pan de vida que se distribuye en la mesa de la Palabra de Dios y del Cuerpo de Cristo. 66 (CIC, 102–103)

* En la sagrada Escritura, la Iglesia encuentra sin cesar su alimento y su fuerza, porque, en ella, no recibe solamente una palabra humana, sino lo que es realmente: la Palabra de Dios. 67 "En los libros sagrados, el Padre que está en el cielo sale amorosamente al encuentro de sus hijos para conversar con ellos". 68 (CIC, 104)

64 Cf. Heb 1:1-3
65 St. Augustine, En. in Ps. 103, 4, 1: PL 37, 1378; cf. Ps 104; Jn 1:1
66 Cf. DV 21.
67 Th 2:13; cf. DV 24.
68 DV 21.

*Dios ha inspirado a los autores humanos de los libros sagrados. “En la composición de los libros sagrados, Dios se valió de hombres elegidos, que usaban de todas sus facultades y talentos; de este modo, obrando Dios en ellos y por ellos, como verdaderos autores, pusieron por escrito todo y sólo lo que Dios quería”. 71 (CIC 106)

* En la sagrada Escritura, Dios habla al hombre a la manera de los hombres. Por tanto, para interpretar bien la Escritura, es preciso estar atento a lo que los autores humanos quisieron verdaderamente afirmar y a lo que Dios quiso manifestarnos mediante sus palabras. 75 (CIC 109)

*“Es tan grande el poder y la fuerza de la Palabra de Dios, que constituye sustento y vigor para la Iglesia, firmeza de fe para sus hijos, alimento del alma, fuente límpida y perenne de vida espiritual”. 109 “Los fieles han de tener fácil acceso a la Sagrada Escritura”. 110 (CIC 131)

71 DV 11.
75 Cf. DV 12 # 1.
109 DV 21.
110 DV 22.

CAPÍTULO 3

Significados para personas de diferentes épocas y culturas

Los libros de la Biblia fueron escritos en tiempos, lugares y culturas muy diferentes de los nuestros, por esa razón, aunque queramos, no podemos entender todo acerca de cómo vivía la gente en ese entonces. Sin embargo podemos y debemos estudiar esas diferencias si queremos encontrar el verdadero sentido de un texto. Una ventaja que tenemos a la hora de afrontarlas es que, sin importar el período de tiempo que se estudia, Dios es siempre el mismo. Él no cambia.

Aprender acerca de las personas que vivieron en otras épocas de la historia, exige cierto estudio. Este conocimiento y comprensión lleva un poco de tiempo.

Tiempo y números

Una de las diferencias tiene relación con la concepción del tiempo. Para nosotros el tiempo es algo muy distinto de lo que era para los antiguos. Tenemos años, meses, días, horas y minutos. Usamos reloj y hay relojes en nuestros hogares y oficinas. Somos tan precisos con el tiempo, que lo medimos incluso en segundos. En la Biblia, sin embargo, el tiempo a menudo tiene una importancia simbólica. He aquí algunos ejemplos:

40 En el Libro del Génesis, hay una historia muy conocida acerca de el Arca de Noé. Dios pide a Noé que construya un arca para él, su familia y una pareja de cada especie animal. Después de eso, llueve durante cuarenta días y cuarenta noches. Al final de las lluvias la tierra se renueva y es recreada; el mal ha sido vencido y la bondad prevalece. Por lo tanto, hubo un gran cambio. Nosotros a veces lo llamamos, "transformación".

El Libro del Éxodo narra que los judíos vagaron por el desierto durante cuarenta años antes de llegar a la Tierra Prometida. Al oír eso, pensamos que realmente estuvieron cuarenta años en el desierto. Sin embargo, en el contexto antiguo, eso sólo significa que pasaron varias generaciones antes de salir del desierto. "Cuarenta años" quiere decir que los judíos vivieron en el desierto tanto tiempo que llegaron a tener hijos e incluso nietos antes de encontrar el modo de salir de ahí.

Lo más importante es que el número cuarenta se convirtió en el número símbolo de los cambios más profundos. Cuando nos encontramos con el número cuarenta en una narración de la Escritura, significa que la gente de esa narración ha sufrido un cambio profundo, al igual que los israelitas que al llegar a la Tierra Prometida, comenzaron una vida nueva. Se transformaron, esto es, pasaron de ser esclavos en Egipto a personas libres en la Tierra Prometida.

Piensa en Jesús, que pasó cuarenta días en el desierto rezando. Él también sufrió un cambio. No había sido reconocido por la gente a causa de las curaciones y enseñanzas públicas antes de ir al desierto. Sin embargo, después de aquellos cuarenta días en el desierto, Jesús comenzó su ministerio con el pueblo. Cuarenta días implicaron un nuevo inicio para Él. Ahora entendemos mejor el antiguo significado del número cuarenta.

7 El número siete también es simbólico. En primer lugar, Dios creó el mundo en siete días, como nos narra el libro del Génesis. El pueblo del antiguo Israel creía que el siete era un número perfecto. Era visto como el número de Dios. Por esta razón, asignaron el número siete a todo lo que querían que fuera "perfecto"; a todas aquellas cosas que, como hombres, ellos "crearan". Por ejemplo, hicieron que su semana constara de siete días. El número siete significa perfección.

12 El número doce también tiene un significado: integridad. Había doce tribus de Israel, por lo que los antiguos israelitas vieron en el número doce el número especial para el pueblo elegido de Dios. También sabemos que Jesús eligió doce discípulos en el Evangelio. Después de la multiplicación de los panes, se reunieron doce canastos de sobras. Al igual que el número siete, la Biblia usa el número doce como un símbolo. El número doce muestra que Dios está jugando un papel importante en nuestras vidas aquí en la tierra.

AL TERCER DÍA Cualquier evento que sucede "al tercer día" es un acontecimiento de resurrección, un evento por el que Dios eleva a alguien a una vida nueva.

¿Sabías que las bodas de Caná en el Evangelio de Juan, fueron un evento de "tercer día"? El pasaje comienza así: "Tres días más tarde se celebraba una boda en Caná de Galilea..." Conocemos bien la historia: se acabó el vino y María pidió a Jesús que hiciera algo. Jesús ordenó a los criados llenar las tinajas con agua y, cuando la probaron, el agua se había convertido en vino. Jesús fue "elevado" de la misma manera en que Él "elevó" el agua en vino. Podríamos decir que Jesús salvó la fiesta. En el Evangelio de Juan, éste fue el primero de los signos, y la gente también cambió, ya que creyó en Él.

En otro pasaje de los Evangelios, uno de los amigos más amados de Jesús muere. Su nombre es Lázaro. Tras la muerte de Lázaro, Jesús esperó tres días antes de ir a verlo y, cuando llegó allí, le ordenó salir de su tumba. Jesús verdaderamente resucitó a Lázaro de entre los muertos al tercer día y, si bien fue una prefiguración de su misma resurrección, se trata de otro acontecimiento importante que ayudó a la gente a creer en Jesús.

Por último, como sabemos muy bien, Jesús resucitó a una vida nueva al tercer día, después de su muerte en la cruz.

Simbolismo de los números en la Biblia

1 Dios único y UNO, divinidad y grandeza Tenemos un sólo Dios"Uno sólo es el Bueno" (Mateo 19:17) Sólo tenemos un Dios: "Escucha, Israel: Yavé, nuestro Dios, es Yavé-único" (Deuteronomio 6:4).

---

2 Duplicidad, discordia, división, oposición y complementariedad. Es la base de la comunidad. Dios creó el lucero mayor para el día y lucero menor para la noche (Cf. Génesis 1:16). "Nadie puede servir a dos patrones: necesariamente odiará a uno y amará al otro, o bien cuidará al primero y despreciará al otro" (Mateo 6:24).

---

3 "Y estén listos para pasado mañana, (al tercer día) porque pasado mañana Yavé bajará a vista de todos sobre el monte Sinaí" (Éxodo 19:11). Perfección divina, reconciliación de la dualidad, analogía de la Trinidad. "El Hijo del hombre estará en el seno de la tierra tres días y tres noches" (Mateo 12:40).

---

4 Realidad humana y cósmica unidas. Si se habla por ejemplo de los cuatro ríos del paraíso (Cf. Génesis 2:10–14) se refiere a que ese era todo el cosmos o mundo.

---

7 Es el número de la perfección, sin embargo se emplea para expresar totalidad. "No te digo siete, sino setenta y siete veces." (Mateo 18:22).

---

10 Otra expresión de la totalidad. Se menciona en contextos donde el mensaje abarca todo lo posible en esas circunstancias. Por ejemplo, los Diez Mandamientos, Job se queja de que ha sido insultado 10 veces (Cf. Job 19:3), alabanzas a Dios con un arpa de 10 cuerdas (Cf. Salmo 92:4), Jesús limpia a 10 leprosos (Lucas. 17:17) y la Parábola de las 10 vírgenes (Mateo 25:1).

---

12 Este es un número social, en concreto se refiere a la organización del gobierno del pueblo. Por eso se habla de las 12 tribus de Israel, de los 12 apóstoles y de 12 canastas de sobras después de la multiplicación de los panes (Cf. Juan 6:13). Se trata de una elección con vistas a la organización social.

---

40 Indica un cambio profundo y radical en la vida. 40 días del diluvio (Cf. Génesis 7:4,12,17), 40 años en el desierto comiendo el maná (Cf. Éxodo 16:35), 40 días tardó Moisés en el monte Sinaí cuando subió por las tablas de la ley (Cf. Éxodo 24:18 y 34:28), 40 años del reinado de Salomón (Cf. 2 Crónicas 9:30), Jesús pasó 40 días en el desierto (Cf. Mateo 4:2, Marcos 1:13, Lucas 4:2), Jesús resucitado se apareció 40 días (Cf. Hechos 4:22).

USO ACTUAL DE LOS SÍMBOLOS TRADICIONALES

Hemos visto que muchos de los números en la Biblia tienen un significado más profundo. De hecho recordamos y expresamos esos significados en las tradiciones de la Iglesia. Por ejemplo, en nuestra tradición católica, tenemos siete sacramentos. Hemos conservado también el número cuarenta en nuestro calendario. Como pueblo de Dios, tenemos un tiempo especial cada año –la Cuaresma– en que oramos para ser transformados, para convertirnos: ser más santos, vivir según la mente de Dios, ser más como Jesús. Al final de los cuarenta días, celebramos un gran y nuevo comienzo con la resurrección de Jesús, la cual tiene lugar cada Semana Santa. Hemos sido cambiados.

Cuando leemos o escuchamos la Biblia, es muy importante buscar el significado o el mensaje de Dios. La tradición de la Iglesia a menudo nos ayuda a comprender o interpretar dicho mensaje. De este modo, aprendemos más acerca de Dios y también de nosotros mismos.

LUGARES

El primer encuentro de Dios con Moisés tuvo lugar en el Monte Sinaí, por esta razón todo "encuentro" importante con Dios narrado en la Biblia sucede en una montaña. Algunos lugares son llamados "montañas", cuando ahí, en realidad, no existe una montaña. Lo que realmente se quiere decir es que en aquel lugar hubo un encuentro importante entre Dios y los hombres.

Por ejemplo, un famoso pasaje del Evangelio de Mateo es el "El Sermón de la Montaña". Comienza con las bienaventuranzas y dice: "Al ver Jesús a la multitud, subió a la montaña". Si visitas la ribera norte del Mar de Galilea, verás que ahí hay una colina, no una montaña. El significado del pasaje es que tanto las Bienaventuranzas como el mismo sermón provienen de Dios.

Así que si estás en casa, en la Iglesia o en el salón de clases y sientes que has encontrado a Dios en la oración, se podría decir que tú también has estado en una montaña, incluso si físicamente allí no hay una.

De igual manera, el "agua" es algo muy importante en los Evangelios. Existen cuerpos de agua en Israel o Palestina: el mar de Galilea, el río Jordán y el Mar Muerto. Sin embargo el agua a menudo simboliza el bautismo. En el cuarto Evangelio –el de Juan– encontramos el pasaje de la mujer samaritana junto al pozo. Ha ido para sacar agua y, aunque en realidad es el "pozo de Jacob", del que aún se puede sacar agua, la historia se refiere a otro tipo de agua. Jesús habla de la vida que da el agua del Bautismo.

En otro relato del Evangelio, los discípulos están en el barco, pescando. Pedro se da cuenta de que Jesús está en la orilla. El Evangelio puede ser un poco desconcertante cuando dice que Pedro "se puso" la caMisa y se zambulló en el mar. Seguramente se trata de una imagen del ropón blanco que se nos da cuando somos sumergidos en el agua del bautismo.

Por tanto, debemos estar atentos a los simbolismos de tiempo, números y lugares a medida que "excavamos" buscando el verdadero significado de la Biblia. Todas ellas son pistas importantes para ayudarnos a entender por qué todavía contamos estas historias de pueblos antiguos que vivían en lugares lejanos. No sólo entendemos las historias, también las tomamos en serio y les permitimos influir en nuestra vida concreta.

LUGARES SIMBÓLICOS EN LA BIBLIA

LUGAR	SIMBOLISMO
Camino	Se usa como lugar para llegar a Dios y estar en comunión con Él.
Campo	Se refiere al mundo en general, el lugar donde se desarrolla la historia humana.
Ciudad	Representa a la sociedad en general, al pueblo y a los lugares construidos por seres humanos.
Desierto	Lugar de paso en vistas a una transformación. El desierto nunca es permanente.
Monte (Montaña)	Es el lugar para separarse del mundo para buscar a Dios o para encontrarse con Él.
Río	Antiguo Testamento: Señal de division entre los dones de Dios y los engaños del maligno. Nuevo Testamento: Lugar de purificación.
Valle	Al contrario de una montaña, un valle es un lugar de la oscuridad y la distancia de Dios.

CAPÍTULO 4

Los géneros literarios

Cuando la gente lee el periódico o visita sus páginas de Internet favoritas, casi no se da cuenta de que, en realidad, lee cada texto de diferente manera. Leemos sobre un robo de forma distinta a como leemos acerca de los últimos juegos electrónicos y *gadgets*; y los deportes, los leemos de manera distinta a como lo hacemos con las noticias sobre nuestros cantantes y actores favoritos. Cada historia tiene su propio estilo o género y sabemos a qué atenernos.

De la misma manera, cuando vamos a la biblioteca o a una librería, los libros están organizados en secciones que nos ayudan a encontrar lo que buscamos. En los libros de la Biblia, hay diferentes géneros literarios. Si tenemos en cuenta los diferentes géneros, sabremos cómo leerlos y entenderlos. Conocer los géneros literarios nos ayuda incluso a encontrar lo que estamos buscando en la Biblia.

El género literario más sencillo es la narrativa. Se narra la historia y leemos o escuchamos atendiendo a su significado. El significado se refiere generalmente a Dios y también, con frecuencia, a nosotros mismos. Otro estilo de la Biblia son los relatos. Estas narraciones no pueden ser completa e históricamente exactas, pero su significado es real y su mensaje también. Cada historia intenta comunicar un determinado mensaje.

La poesía también es utilizada en la Biblia, y utiliza imágenes y figuras literarias. Un poema dibuja escenas en la imaginación del lector para narrar la historia de una manera diferente. Tenemos que deducir lo que las imágenes y metáforas quieren decir. En esta tarea nos ayuda el prestar atención a lo que sentimos cuando leemos los poemas. Los Salmos son poesía. Por ejemplo, cuando cantamos: "Y los llevará en alas de águila ...," sabemos que las águilas no van a bajar para llevarnos con ellas, pero la imagen, de hecho, nos hace sentir que Dios nos protege de forma especial.

Otro género literario utilizando en los Evangelios es la parábola. Las parábolas son las historias más bellas que Jesús contó y utilizó para enseñar al pueblo. Cada parábola tiene algo que nos hace decir "¡lo encontré!" Esta parte de la historia nos obliga a detenernos y examinar nuestra manera de pensar, en qué creemos y cómo vivimos. Las parábolas generalmente implican un reto cuando tratamos de seguir a Jesús y vivir como él.

Por ejemplo, Jesús una vez dijo una parábola acerca de los operarios que fueron contratados para trabajar en una viña, el lugar donde se cultivan las uvas para el vino. El propietario contrató a algunos de los trabajadores por la mañana, a otros a mediodía y a algunos por la tarde. Algunos de los operarios estuvieron trabajando todo el día, otros trabajaron medio día y algunos sólo unas pocas horas. Llegó el momento de pagar y Jesús dice que todos recibieron la misma cantidad de dinero. Nosotros probablemente diríamos: eso no es justo. En realidad, Jesús trataba de instruirnos acerca de la generosidad de Dios y de cómo Él nos recompensa de una manera distinta a como se nos recompensa en la tierra.

Dios es sumamente bueno y generoso. Dios invita a todos a ser parte del equipo para trabajar por el Reino de Dios. ¿Somos también nosotros tan generosos? Así es como llegamos a afirmar: "¡lo encontré!". Tenemos el desafío de lograr pensar y actuar como Dios lo hace.

Géneros literarios del Antiguo Testamento

Narrativa: Relatan acontecimientos reales o figurados.

Libros históricos: Narran la historia del pueblo de Dios.

Discursos: Plática o alocución dirigida al pueblo de Dios.

***Proféticos*:**Critican la situación vigente y dan señales de los eventos futuros.

Cánticos: Himnos y cantos.

Sapienciales: Proverbios y palabras de sabiduría para vivir mejor la vida.

Generos literarios del Nuevo Testamento

Narrativa: Relatan acontecimientos reales o figurados.

Parábolas, comparaciones y metáforas: Distintas maneras de comunicar un mensaje a través de comparaciones y similitudes.

Cartas: Los documentos que se escribieron a las primeras comunidades cristianas.

Visiones simbólico-alegóricas del Apocalipsis.

CAPÍTULO 5

La Biblia es una biblioteca

Por lo general, nosotros no leemos la Biblia de principio a fin. Si recuerdas, la palabra griega *biblos*, como dijimos antes, significa "libro". La Biblia en realidad es una colección de libros, una biblioteca. En una biblioteca, caminamos y vamos tomando los libros de diferentes lugares. De la misma manera que elegimos los libros en una biblioteca o en una librería, así también elegimos los libros en la Biblia.

La Biblia en la Misa

Para ayudarnos a usar toda la "biblioteca" de la Biblia, la Iglesia ha elegido una serie de fragmentos para que los escuchemos cuando nos reunimos a celebrar la Misa y la Liturgia de la Palabra. El libro que contiene dichas lecturas se llama "Leccionario" o simplemente "libro de lecturas". Las lecturas corresponden a un momento determinado del año litúrgico.

Los domingos siempre se leen tres lecturas y un salmo. Primero escuchamos una lectura del Antiguo Testamento y a continuación escuchamos o cantamos un salmo. La segunda lectura es una de las "cartas" del Nuevo Testamento. Finalmente, después del "Aleluya", escuchamos un pasaje de los Evangelios, esto es, los relatos de la vida de Jesús. Durante la mayor parte de la semana escuchamos sólo dos lecturas y un salmo. De esta manera, en el transcurso del ciclo trienal del Leccionario, escuchamos muchos textos de la Biblia.

EL ANTIGUO TESTAMENTO

En el Antiguo Testamento, los primeros cinco libros son llamados "Pentateuco", una palabra que simplemente significa "cinco". Estos cinco libros contienen los relatos de la Creación, la Alianza de Dios con Abraham y Sara en el Génesis, la llamada de Moisés, la historia de la salida de Egipto en el Éxodo y las leyes del pueblo de Dios contenidas en Números, Levítico y Deuteronomio. Los cinco libros forman la Tora judía y los judíos los consideran los más santos de todos los libros y tradiciones orales. A veces se les conoce simplemente como "la Ley".

Les siguen los libros históricos. Contienen la historia del pueblo de Israel y la historia de la monarquía o época de los Reyes. Entre estos libros están Josué y Jueces, el primero y el segundo libro de Samuel, y el primer y segundo libro de los Reyes.

Otro grupo de libros es la literatura sapiencial. Los libros sapienciales animan a los hijos de Israel a vivir sabiamente su pacto con Dios y entre sí. Son manuales para la vida cotidiana del pueblo de Dios. Entre los libros sapienciales se cuentan el libro de Job, Proverbios, Eclesiastés, el Cantar de los Cantares, Sabiduría y Eclesiástico.

Cuando Salomón se convirtió en rey de Israel, Dios lo invitó a pedir lo que quisiera. Salomón pidió el don de la sabiduría, es decir, un corazón comprensivo. Desde ese momento, se considera que la sabiduría es el regalo especial que Dios concedió a los reyes de Israel. De hecho, en el Evangelio de Mateo encontramos el pasaje de los Reyes Magos, la maravillosa historia de los magos de Oriente que seguían una estrella para encontrar al rey que acababa de nacer. Los conocemos como los Reyes Magos, sin embargo, el Evangelio de Mateo no menciona que hayan sido "reyes", sino magos. En realidad, los primeros cristianos creían que fueron hombres muy sabios y por eso los llamaron "reyes".

Los Salmos son una colección de 150 oraciones. Contienen algunos de los textos más conocidos de la Biblia, como por ejemplo el Salmo 23: "El Señor es mi pastor". Muchos salmos se han convertido en canciones populares de la Iglesia, como por ejemplo *Alas del águila*, que es el Salmo 91 con acompañamiento musical.

Por último, hay una colección de libros a los que llamamos

Profetas. Los profetas eran hombres y mujeres que exhortaron al pueblo de Israel a permanecer fiel a la Alianza con Dios. Se les llama precisamente "profetas", porque significa que viven en una "buena relación" con Dios, con los demás y con toda la creación. Existe una larga lista de libros proféticos en la Biblia: Isaías, Jeremías, Lamentaciones, Baruc, Ezequiel, Daniel, Oseas, Joel,

Los relatos de la creación

Un libro muy importante y bien conocido del Antiguo Testamento es el primero de todos: el Génesis. Comienza con dos relatos de la creación del mundo y del género humano. No debemos preguntarnos cuál de las dos historias es la "correcta". Tampoco debemos preguntar: "¿Qué fue realmente lo que sucedió?". Más bien, lo que nos debemos preguntar es: "¿Qué mensaje encierran?"

En el primer relato, Dios crea todo en siete días. Este relato encierra muchísimas enseñanzas. Vamos a mirar más de cerca, para excavar y encontrar el mensaje. Podemos ver que:

Dios es el Creador de la vida. La palabra de Dios es poderosa. Después de todo, lo que Dios dice siempre sucede.

Dios pone orden en el caos. Noche tras noche, durante siete días, Dios pone todo en orden.

Dios ve la creación como buena al igual que a los seres humanos.

Dios crea al género humano –hombre y mujer– a imagen suya, a imagen de un Creador. En otras palabras, Dios nos crea para que también nosotros podamos crear la vida.

El séptimo día lo dedica al descanso, al reposo. El séptimo día es un momento para recordar a Dios; para saborear y disfrutar de la bondad de toda la creación.

Amós, Abdías, Jonás, Miqueas, Nahum, Habacuc, Sofonías, Ageo, Zacarías y Malaquías.

Otra canción que escuchamos con frecuencia contiene palabras que provienen del profeta Isaías: *No tengas miedo*. Cuando cantamos esta canción, se nos recuerda que las palabras de Dios a Israel son válidas también para nosotros.

El segundo relato de la creación es la famosa historia de Adán y Eva, la serpiente tentadora y la manzana. No te molestes en preguntar: "¿Qué fue lo que realmente sucedió?" Más bien pregunta: "¿Qué nos quiere decir este relato?" Si miramos con atención, podremos encontrar el mensaje que Dios nos comunica.

La historia de Adán, Eva y la serpiente nos recuerda que todos sufrimos tentaciones, momentos en que deseamos cosas que no son buenas para nosotros. También nos enseña que todos tenemos libre albedrío, por lo cual somos responsables de nuestras acciones, a pesar de que resulte más fácil culpar a alguien más.

¿Qué más nos dice la historia? Bueno, la tentación en la historia no es simplemente comer una manzana. Si leemos con atención, nos daremos cuenta de que en realidad no se habla de ninguna manzana, sólo se menciona el fruto del árbol del conocimiento. A veces, cuando leemos los relatos a solas, encontramos muchas cosas interesantes, por ejemplo, que hay dos historias de la creación independientes y dos conteos diferentes en el número de animales del Arca. La tentación, en realidad, es que Adán y Eva querían ser como Dios, para hacer las cosas a su manera y no como Dios quería que las hicieran.

Ésta es la tentación fundamental del hombre. Incluso es llamado "el pecado original". Ansiamos poder y, gracias a nuestro libre albedrío, somos capaces de tomar decisiones equivocadas. Podemos traicionar nuestra relación con Dios nuestro Creador, cuando actuamos con la convicción de que somos dioses nosotros mismos.

EL NUEVO TESTAMENTO

La mayor parte de la gente conoce bien los cuatro Evangelios, la Buena Nueva. Existen cuatro historias de Jesús narradas por Mateo, Marcos, Lucas y Juan. A pesar de que todas tratan sobre Jesús, nos muestran cuatro retratos diferentes de Él, ya que cada uno de ellos escribió en diferentes lugares y fechas, y para comunidades y personas diferentes.

Los Evangelios de Mateo, Marcos y Lucas son llamados "sinópticos". Sinópticos significa "mismo ojo". Estos tres evangelios parecen mirar a Jesús con el mismo ojo, prácticamente narran las mismas cosas. Son diferentes debido al auditorio al que se dirigen y el mensaje que le querían dar.

En la Iglesia Católica contamos con tres ciclos de lecturas para las Misas del domingo. Cada ciclo se centra en uno de los Evangelios sinópticos durante todo el año. Se incluyen también algunas lecturas del Evangelio de Juan, sobre todo durante Cuaresma y Pascua.

Una mirada a los Evangelios

Todos los días en Misa escuchamos la lectura de uno de los Evangelios. Por ello, en esta sección vamos a describir cada uno de los Evangelios como un medio que nos ayude a excavar en su significado. De este modo, cuando escuchemos al sacerdote decir: "Lectura del santo Evangelio según...", tendremos una tierra fértil que pueda acoger las semillas de este libro. Éste es un buen punto de partida para comenzar a explorar su significado.

Es muy recomendable prepararnos para ir a Misa leyendo previamente el Evangelio, comienza a pensar en su contenido y ora con el mensaje que Dios te quiere dar.

MARCOS El Evangelio de Marcos fue el primero en ser escrito y es el más corto. El evangelista escribió alrededor del año 70, es decir, la época en que los romanos destruyeron el templo de Jerusalén. Se trata de un momento de alto riesgo para los cristianos. En Roma, muchos de ellos fueron torturados y condenados a muerte.

Este peligro hizo que la comunidad a la que Marcos se dirigía se viera envuelta por el miedo y comenzara a poner en duda el seguimiento de Jesús. En ese estado debieron haberse preguntado quién era realmente Jesús y si valía la pena comprometerse con Él.

El Evangelio de Marcos responde a ambas preguntas: Jesús, por supuesto, es el Mesías, esto es "Salvador" (cf. Diccionario de la Biblia Eerdmans). Pero se trata de un Mesías que sufre y muere por todos. Para quienes son bautizados en Cristo, también habrá sufrimiento. La buena noticia es que también les espera la resurrección.

MATEO La comunidad de Mateo estaba compuesta en su mayoría por judíos que ahora seguían a Jesús como el "nuevo camino". El Evangelio fue escrito a mediados de los años 80 –en el siglo I– y buscaba explicar a la gente los profundos vínculos que existían entre Jesús y la historia y tradiciones del pueblo judío.

El Jesús de Mateo es un gran maestro –de hecho, eso significa "Rabino"– que habló y actuó con autoridad. "Discípulo" quiere decir alumno o aprendiz. En el Evangelio de Mateo, los discípulos aprenden escuchando las palabras de Jesús y viendo sus acciones; después de la resurrección, son enviados a "hacer discípulos a todas las naciones". De esta manera, el autor del Evangelio recuerda al pueblo judío que la llamada a seguir a Jesús es para el mundo entero.

LUCAS Los primeros oyentes de Lucas pertenecían a una comunidad de gentiles, esto es, comunidades no judías. Al igual que Mateo, el Evangelio de Lucas fue escrito a mediados de los años 80. Lucas subraya algunos elementos importantes para esta comunidad: la compasión de Jesús, su preocupación por los pobres, el papel que funge como profeta y los mandamientos como centro de la vida cristiana.

Como un imán, Jesús atrae hacia sí a los pobres, marginados, enfermos, mujeres y extranjeros para sanarlos. Existen tres importantes parábolas que sólo se encuentran en Lucas, en el capítulo 15: la oveja perdida, la dracma perdida y el hijo pródigo. Estas parábolas nos desafían a buscar y salvar a los perdidos.

Lucas compara a Jesús con el profeta Isaías, como alguien que cura a los enfermos, libera a los cautivos y proclama la buena nueva a los pobres. Jesús es claramente un profeta, es decir, "poderoso en obras y palabras".

En el Evangelio de Lucas, Jesús muere del mismo modo en que vivió: perdonando a aquellos que lo condenaron a muerte y salvando al ladrón arrepentido que fue crucificado con él. Jesús sana a los hombres hasta el final de su vida.

JUAN El Evangelio de Juan es diferente de los otros tres que, como hemos visto, tienen mucho en común. El de Juan es el Evangelio de la "nueva creación" y hace hincapié en la estrecha relación entre Jesús y su Padre.

Al igual que el libro del Génesis, el Evangelio de Juan comienza con las palabras: "En el principio..." A continuación expone las siete "señales" o milagros, como en los días de la creación. Estos signos se hacen para que creamos que Jesús es Dios y uno con el Padre y el Espíritu Santo.

En el Evangelio de Juan, los discípulos ya no son aprendices, sino amigos. Se trata de una comunidad de amigos de Jesús que comparten su vida, porque comparten al Espíritu Santo. Deben ser conocidos por el amor que se tienen unos a otros. Deben amar como Jesús los ha amado. La muerte de Jesús es el último signo de su amor.

En el Evangelio de Juan, el amor se expresa sobre todo a través del servicio. El relato de la Última Cena es también el relato del lavatorio de los pies, donde Jesús dice: "¿Comprenden lo que he hecho con ustedes?... Ustedes deben hacer como he hecho yo". El Evangelio de Juan fue escrito más tarde y la Eucaristía estaba ya más desarrollada y era una práctica conocida, por este motivo no era necesario volver a narrar la historia del pan y del vino que se convertían en el cuerpo y la sangre de Jesús. Siendo así, Juan explicó la Eucaristía de una manera distinta, viéndola como el pan de vida, el cuerpo de Cristo.

LOS DEMÁS LIBROS

El siguiente libro de la Biblia cristiana es el de los Hechos de los Apóstoles. Este libro narra la historia de la Iglesia primitiva, la forma en que esta Iglesia creció e incluso la forma en que luchó por sobrevivir después de la muerte y resurrección del Señor.

Después de los Hechos, tenemos las cartas. La mayor parte de ellas fue escrita por san Pablo, quien había llevado el mensaje del Evangelio a varias ciudades y les escribía cuando estaba de viaje, lejos de ellas. Escribió sus cartas para poder enseñar, poner retos y alentar a las nuevas iglesias, aunque no estuviera presente físicamente. Las "cartas" de san Pablo toman su nombre de las comunidades a las que iban dirigidas.

Hay otras cartas además de las de san Pablo y después de ellas, llegamos al último libro de la Biblia, el Apocalipsis. Éste es el libro más difícil de entender. Utiliza el simbolismo de la Iglesia primitiva, un "código secreto" por llamarlo de algún modo, porque fue escrito en una época de persecución. Una época en que no era fácil –en ocasiones ni siquiera seguro– ser cristiano. Los libros difíciles como el Apocalipsis nos invitan a seguir excavando para encontrar el verdadero significado de las Escrituras.

Nombres y abreviaciones

ANTIGUO TESTAMENTO*

#	Libro de la Biblia	Abreviación
1	Génesis	Gn
2	Éxodo	Éx
3	Levítico	Lv
4	Números	Nm
5	Deuteronomio	Dt
6	Josué	Jos
7	Jueces	Jc
8	Rut	Rt
9	1 Samuel	1 S
10	2 Samuel	2 S
11	1 Reyes	1 R
12	2 Reyes	2 R
13	1 Crónicas	1 Cr
14	2 Crónicas	2 Cr
15	Esdras	Esd
16	Nehemías	Ne
17	Tobías	Tb
18	Judit	Jdt
19	Ester	Est
20	1 Macabeos	1 M
21	2 Macabeos	2 M
22	Job	Jb
23	Salmos	Sal
24	Proverbios	Pr

#	Libro de la Biblia	Abreviación
25	Eclesiastés	Qo
26	Cantar de los Cantares	Ct
27	Sabiduría	Sb
28	Sirácides o Eclesiástico	Si
29	Isaías	Is
30	Jeremías	Jr
31	Lamentaciones	Lm
32	Baruc	Ba
33	Ezequiel	Ez
34	Daniel	Dn
35	Oseas	Os
36	Joel	Jl
37	Amós	Am
38	Abdías	Abd
39	Jonás	Jon
40	Miqueas	Mi
41	Nahún	Na
42	Habacuc	Ha
43	Sofonías	So
44	Ageo	Ag
45	Zacarías	Za
46	Malaquías	Ml

***El orden cambia en el A.T. en diversas ediciones.**

NUEVO TESTAMENTO

#	Libro de la Biblia	Abreviación
1	Mateo	Mt
2	Marcos	Mc
3	Lucas	Lc
4	Juan	Jn
5	Hechos de los Apóstoles	Hch
6	Romanos	Rm
7	1 Corintios	1 Cor
8	2 Corintios	2 Cor
9	Gálatas	Ga
10	Efesios	Ef
11	Filipenses	Flp
12	Colosenses	Col
13	1 Tesalonicenses	1 Ts
14	2 Tesalonicenses	2 Ts

#	Libro de la Biblia	Abreviación
15	1 Timoteo	1 Tm
16	2 Timoteo	2 Tm
17	Tito	Tt
18	Filemón	Flm
19	Hebreos	Hb
20	Santiago	St
21	1 Pedro	1 P
22	2 Pedro	2 P
23	1 Juan	1 Jn
24	2 Juan	2 Jn
25	3 Juan	3 Jn
26	Judas	Jud
27	Apocalipsis (de Juan)	Ap

Cuadro Cronológico

ANTIGUO TESTAMENTO (A.T.)
ANTES DE CRISTO (A.C.)

AÑO APROXIMADO	***EVENTO BÍBLICO***
1900	Abraham y Sara.
1720	Josué y sus hermanos. Llegada a Egipto.
1250	Moisés: Salida de Egipto (Éxodo) y los Diez Mandamientos.
1000	El rey David.
922	División del reino. Norte: Israel. Sur: Judá.
721	Caída del reino del norte (Israel) en manos del Imperio Asirio.
587	Caída del reino del sur (Judá) en manos del Imperio Persa. Deportaciones a Babilonia.
539	Regreso de los exiliados de Babilonia a Jerusalén.
515-445	Reconstrucción de Jerusalén y del segundo templo.
332	Alejandro Magno constituye el Imperio Griego, vence a los persas y conquista Palestina.
167	Sublevación de Matatías y los Macabeos contra los reyes seléucidas de Siria.
142-63	Periodo de independencia para Judea.
63	Conquista de Judea en manos del imperio Romano (emperador Pompeyo).
37	Herodes el Grande gobierna Judea. Él descendía de los asmoneos/macabeos. No venía de la línea del rey David.

Cuadro Cronológico

NUEVO TESTAMENTO (N.T.) DESPUÉS DE CRISTO (D.C.)

AÑO APROXIMADO	*EVENTO BÍBLICO*
6	Nacimiento de Jesucristo.
26	Juan Bautista comienza a anunciar la venida del Mesías.
26-29	Jesucristo empieza su vida pública.
30	Crucifixión y Resurrección de Jesucristo.
36	Primeros cristianos perseguidos por los judíos.
36	Conversión de San Pablo
70	Los seguidores judíos de Jesús son expulsado del templo, y el templo es destruido.

CAPÍTULO 6

Las lecturas que escuchamos en la Misa a lo largo del año

En la celebración eucarística siempre hay dos partes: la Liturgia de la Palabra y la Liturgia de la Eucaristía. Al igual que con nuestros antecesores judíos, el libro es una base fundamental de nuestra fe y de nuestra religión. Por tanto, la Biblia, como una biblioteca de libros, se convierte en la palabra de Dios.

El ciclo conformado por los diversos períodos de la Iglesia es conocido como "Año Litúrgico". Se centra principalmente en la Eucaristía dominical, porque el domingo siempre es recordado como el día de la resurrección del Señor. Aunque celebramos la Misa todos los días, en esta sección nos centraremos en la celebración dominical.

Al igual que las familias se reúnen para la comida en los domingos, de igual modo nosotros, la comunidad cristiana, nos reunimos para nuestra "comida". Así como compartimos historias familiares y alimento en familia, también los católicos compartimos historias de la Biblia, y el alimento del cuerpo y la sangre de Cristo.

El año litúrgico comienza con el primer domingo de Adviento y continúa con los diferentes períodos litúrgicos cada año de la siguiente manera:

- Tiempo de Adviento y Navidad
- Tiempo ordinario
- Cuaresma y Semana Santa
- Pentecostés
- Tiempo ordinario

Los colores, la decoración de la iglesia y las lecturas, ponen de relieve los temas y el mensaje espiritual de cada período.

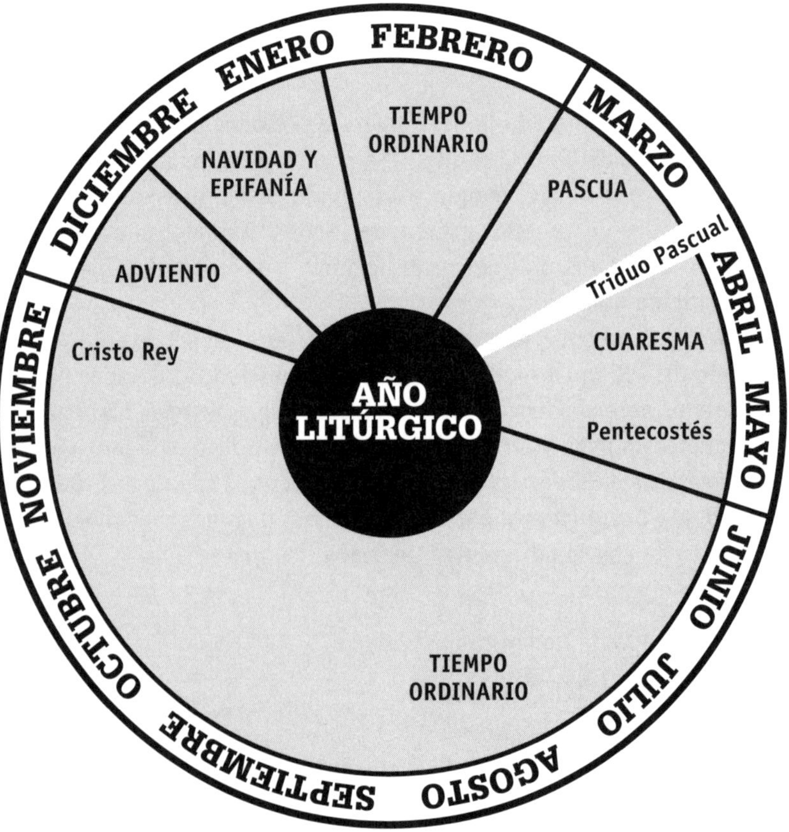

El tiempo ordinario incluye los domingos cuando no hay ningún evento específico que recordar. Sin embargo, las enseñanzas, las parábolas y los milagros de Jesús siguen siendo recordados por nosotros. Y como ya lo habíamos mencionado, lo importante no es tanto lo que nos enseñan teóricamente sobre Jesús, sino que nos animan a vivir la vida de Cristo, para hacer lo que Jesús haría en nuestro lugar.

La Cuaresma comienza el Miércoles de Ceniza y se prolonga durante seis domingos hasta llegar a la Pascua.

Después de Pascua, esperamos durante cincuenta días –de hecho, eso significa "Pentecostés"– para recordar y celebrar de nuevo la venida del Espíritu Santo.

Como se mencionó antes,

- el Ciclo A incluye lecturas del Evangelio de Mateo;
- el Ciclo B, lecturas del Evangelio de Marcos;
- y el ciclo C, lecturas del Evangelio de Lucas.
- Las lecturas del Evangelio de Juan aparecen principalmente en las temporadas de Cuaresma y Pascua.

LOS PERÍODOS DE ADVIENTO Y NAVIDAD

En la historia de la Iglesia, el tiempo de Adviento se celebra durante los cuatro domingos previos a la Navidad teniendo como tema central la preparación para la venida de Cristo. En la Iglesia primitiva, el Adviento evolucionó probablemente una vez que el período de Cuaresma se había ya consolidado. De esta manera el Adviento asumió un tema similar, esto es, penitencial, como sucede en la Cuaresma.

Hoy en día continuamos preparándonos para la venida de Cristo. Sin embargo, distinguimos tres maneras concretas en que Cristo viene a nosotros: en primer lugar, en la historia como un niño nacido de María y José; en segundo lugar, de diferentes maneras en nuestra vida diaria y en nuestra oración; y por último, esperando su segunda venida en el futuro. Dado que el Adviento nos prepara a la celebración de la Navidad, este período se centra principalmente en el nacimiento de Cristo dentro de la historia humana.

Las primeras lecturas en la Misa de los domingos de Adviento se toman de los profetas. En sus respectivas épocas, antes, durante y después del exilio, los profetas hablan del Salvador que será enviado por Dios. Mirando en retrospectiva nosotros sabemos que el Salvador es Jesús, el Cristo.

En Isaías leemos:

7:14 La joven está embarazada y da a luz un varón a quien le pone el nombre de Emmanuel, es decir: Dios-con-nosotros.

9:1 El pueblo que caminaba en la noche divisó una luz grande; habitaban el oscuro país de la muerte, pero fueron iluminados.

9:5 Porque un niño nos ha nacido, un hijo se nos ha dado; le ponen en el hombro el distintivo del rey y proclaman su nombre: «Consejero admirable, Dios fuerte, Padre que no muere, príncipe de la Paz».

11: 1-2 Una rama saldrá del tronco de Jesé, un brote surgirá de sus raíces. Sobre él reposará el Espíritu de Yavé, espíritu de sabiduría e inteligencia, espíritu de prudencia y valentía, espíritu para conocer a Yavé y para respetarlo, y para gobernar según sus preceptos.

11:06 El lobo habitará con el cordero, el puma se acostará junto al cabrito, el ternero comerá al lado del león y un niño chiquito los cuidará.

Y las segundas lecturas también nos invitan a ser pacientes en nuestra espera, por ejemplo, este texto de la carta del apóstol Santiago 5:7

Tengan paciencia, hermanos, hasta la venida del Señor. Miren cómo el sembrador cosecha los preciosos productos de la tierra, que ha aguardado desde las primeras lluvias hasta las tardías.

Durante el tiempo de Navidad, podemos leer o escuchar con atención las narraciones del nacimiento de Cristo que se encuentran en Mateo y en Lucas. Son muy distintas debido a que fueron escritas para diferentes comunidades y sus respectivos mensajes tienen también una diferente intencionalidad. Si pudiéramos poner música de fondo a la historia narrada por Mateo, ésta sería la música que ambienta la película *Tiburón*. Y en Lucas, en el que hay un gran gozo y alegría, podríamos tener el tradicional himno, *Gozo para el mundo* (*Joy to the world*).

La narración de Mateo incluye la genealogía de Jesús, su nacimiento y la

SI PUDIÉRAMOS PONER MÚSICA DE FONDO A LA HISTORIA NARRADA POR MATEO, ÉSTA SERÍA LA MÚSICA QUE AMBIENTA LA PELÍCULA TIBURÓN.

visita de los Reyes Magos. Recordemos que Mateo escribió para los seguidores judíos del "nuevo camino" de Jesús. La intención de Mateo es que sus oyentes tengan la certeza de que Jesús es el Mesías: un verdadero hijo de Abraham según su árbol genealógico. El nacimiento de Jesús en el relato de Mateo se centra en José. Seguramente existe una conexión con la historia del José del Génesis, quien también era un soñador y vio en sus sueños una manera de escuchar a Dios. La visita de los Reyes Magos revela a los judíos cristianos la misión de Jesús que rebasa las fronteras judías, dado que los sabios vinieron de Oriente buscando al Mesías. Al encontrarlo, lo adoran y le ofrecen presentes.

La narración de Lucas, por su parte, incluye la anunciación del arcángel Gabriel a la virgen María, la visita de María a Isabel, el nacimiento de Jesús y la visita de los pastores. Lucas deja en claro que el niño que va a nacer es del Espíritu Santo, el Hijo de Dios. María juega un papel muy importante al aceptar el mensaje del arcángel Gabriel: "hágase en mí según tu palabra". La narración que hace Lucas del nacimiento de Jesús en un pesebre es un pasaje que conocemos muy bien, y el anuncio a los pastores coincide con la alegría del "gloria a Dios en el cielo, y en la tierra paz a los hombres de buena voluntad".

El Tiempo de Navidad concluye con la fiesta del Bautismo del Señor. Escuchamos el Evangelio del bautismo de Jesús por Juan en el Jordán. Es la introducción a la vida pública del Señor.

TIEMPO ORDINARIO

Los domingos del tiempo ordinario están numerados. En cada domingo, seguimos escuchando las narraciones de la vida de Jesús: su ministerio y atención especial a los pobres y enfermos; sus enseñanzas, parábolas y milagros. Al igual que los discípulos de Emaús quienes dijeron al final del Evangelio de Lucas: ¿No sentíamos arder nuestro corazón cuando nos hablaba en el camino y nos explicaba las Escrituras?", nuestros corazones también se han encendido mientras excavábamos buscando el mensaje que la Palabra quería que escucháramos.

EL TIEMPO DE CUARESMA

En la música escrita, los compositores a veces añaden un movimiento en lento, esto es "ir despacio". Lo mismo puede decirse del período de Cuaresma, cuando toda la Iglesia se dedica a reflexionar con mayor atención en el significado de la vida de Cristo y de nuestra vida en Él. Es probable que la Cuaresma se haya desarrollado a partir de la práctica, en la Iglesia primitiva, de preparar a los catecúmenos para iniciar su vida cristiana. Todo esto sucedía en la Vigilia Pascual. De esta manera, los miembros ya bautizados acompañaban a los catecúmenos, quienes veían su futura condición en el compromiso bautismal de los primeros. Este período, en el que se hacía una contemplación más pausada de la vida de Cristo, se convirtió para los cristianos en un momento de reflexión y penitencia, de modo que el propio compromiso con Cristo se renovara en la Vigilia Pascual.

> **EN LA MÚSICA ESCRITA, LOS COMPOSITORES A VECES AÑADEN UN MOVIMIENTO EN *LENTO*, ESTO ES "IR DESPACIO".**

Comenzando con el Miércoles de Ceniza y siguiendo durante los seis domingos de la Cuaresma, los fieles de la Iglesia escuchan evangelios que apuntan hacia la muerte y resurrección de Jesús. Estos eventos los recordamos en el Triduo Pascual.

LOS TRES DÍAS: EL TRIDUO PASCUAL

Los tres días recordados en el Triduo Pascual son los grandes misterios de la fe: la Cena del Señor, el Viernes Santo y la Vigilia

Pascual. Las lecturas de estos días –los más importantes del calendario litúrgico– son escuchadas con atención y respeto.

En la Misa de la Cena del Señor, escuchamos el relato de la Última Cena escrito por Juan, esto es, el relato del lavatorio de los pies. Vemos al siervo Jesús lavando los pies de los discípulos. Les dice: "¿Ven lo que he hecho con ustedes? Pues bien, ustedes deben hacer también lo mismo". Este sacerdote que nos da su propio cuerpo y sangre, nos recuerda que también estamos llamados a servir como Él nos ha servido.

El Viernes Santo nos reunimos para escuchar la narración de la pasión y muerte de Jesús en el Evangelio de san Juan.

En la Vigilia Pascual, celebramos los actos salvíficos de Dios a través de la historia y encontramos el punto culminante en la resurrección de Jesús. Como Iglesia, proclamamos que Jesucristo ha resucitado y respondemos con un "¡Aleluya!"

TIEMPO DE PASCUA Y PENTECOSTÉS

A lo largo de los cincuenta días de la Pascua, escuchamos la narración de los acontecimientos que tuvieron lugar después de la resurrección de Jesús, es decir, los encuentros de Jesús vivo con sus discípulos. En cada uno de los Evangelios, Jesús resucitado trae la paz. Antes de su ascensión al cielo, Jesús promete que el Paráclito estará con aquellos que crean en Él. Y en los Hechos de los Apóstoles nos encontramos con el relato de la venida del Espíritu Santo. Este acontecimiento "encendió" a los discípulos para que difundieran la palabra de Jesús, para salir a bautizar en el nombre del Padre, del Hijo y del Espíritu Santo.

En Pentecostés celebramos la misión de la Iglesia: la difusión del Evangelio a todas las naciones para edificar el cuerpo de Cristo.

Después de Pentecostés, regresamos nuevamente al Tiempo ordinario; sin embargo esta vez no tiene nada de ordinario, pues seguimos escuchando una y otra vez las narraciones sobre Jesús que son los Evangelios.

CAPÍTULO 7

Preguntas que deben formularse para excavar en el significado de la Biblia

Vivimos en un mundo que concede gran importancia a la información y al conocimiento, por ello siempre estamos tentados a preguntar: "¿Qué fue lo que realmente sucedió?" La gente hoy en día es muy lineal y literal. Identificamos "verdad" con "hechos históricos" y viceversa. A menudo identificamos relato y mito con falsedad y mentira. Sin embargo éste no es el mundo de la Biblia, no es el modo en que la gente de la Biblia veía y entendía el mundo. En realidad, cuando leemos o escuchamos la Biblia sólo estamos buscando "datos de fe". Aunque la Biblia está enraizada en la historia, no siempre nos ofrece una relación precisa de los acontecimientos. Más bien, la Biblia nos ofrece historias de fe, historias para inquietar sanamente nuestras almas. Las narraciones hacen arder nuestro corazón, como sucedió con los discípulos en el camino de Emaús, al final del Evangelio de Lucas.

Por lo tanto, nunca debemos preguntar: "¿ Qué fue lo que realmente sucedió?"

Para excavar en el significado de la Biblia, es mejor que nos hagamos estas cuatro preguntas:

1. ¿Qué dicen las palabras?
2. ¿Qué significó este relato para la gente que lo escuchó por primera vez?
3. ¿Qué significa para mí y para todos nosotros?
4. ¿Qué nos está pidiendo el Evangelio que hagamos ahora?

ESCUCHA ATENTAMENTE

Cuando estés respondiendo a estas preguntas, ante todo, escucha atentamente. Muchas veces tenemos la tentación de pasar por alto el inicio de las lecturas para llegar a "la parte buena". Sin embargo, los comienzos también son importantes.

Por ejemplo, tanto Mateo como Lucas tienen relatos sobre el nacimiento de Jesús. Los llamamos "los Evangelios de la infancia". Tendemos a tomar las partes más llamativas de estas dos historias, mezclarlas bien y cocinar una sola historia: nuestra pastorela de Navidad. Pero hay dos historias y cada una tiene algo importante que decir sobre el nacimiento de nuestro Señor. Cada una pone de relieve aspectos diferentes.

En el Evangelio de Mateo, los relatos de la infancia comienzan con una genealogía, es decir, con una lista de los antepasados de Jesús. Esto era de gran importancia para los judíos de su tiempo, de esta manera conocían los antecedentes de Nuestro Señor y lo que había heredado. Mateo se centra en José, cuya historia en cierto modo se encuentra también en el Génesis. Este punto es también importante para los judíos que habían decidido seguir a Jesús. Mateo recoge el episodio de los Reyes Magos, con un importante mensaje para los primeros oyentes: Jesús vino para salvar a todos los pueblos como, por ejemplo, los Magos que eran originarios de Oriente y habían venido a encontrarse con Jesús. La historia de los Reyes Magos también presenta la tensión con las autoridades romanas encarnadas en la persona de Herodes. De este modo, las narraciones de la infancia poseen cierto suspenso y tensión.

El Evangelio de Lucas es muy diferente. Inicia con Isabel y Zacarías que, como Abraham y Sara, eran muy viejos y no tenían hijos. Isabel queda embarazada y da a luz a Juan el Bautista. Parece que Lucas dijera: "Si creías que Dios era bueno por lo que hizo con Sara y Abraham, ¡aún no has visto nada!" En este Evangelio, María es la figura central: la anunciación del arcángel Gabriel, la visita a Isabel, el gran himno del *Magnificat* –semejante al cántico de

Hannah en el primer libro de Samuel– y el Niño en el pesebre. El nacimiento de Jesús es visto con gran regocijo deseando "gloria a Dios en el cielo y paz en la tierra".

Por lo tanto, debemos estar atentos y despiertos, con la intención de excavar para encontrar el auténtico significado de la Biblia.

Podemos agudizar nuestra capacidad de escucha, de modo que logremos escuchar la Palabra, empezando por el texto que vemos en la página. Imagínate a ti mismo escuchando una historia. Cuando estás hambriento, si escuchas una historia que habla de comida, es fácil sentir que esa historia es para ti. Puedes meterte realmente en ella o simplemente frustrarte y sentir todavía más hambre. Si no tienes hambre, probablemente ni siquiera prestes atención. Dependiendo de quién seas –alguien con hambre o sin ella, alguien feliz o triste, alguien pobre o rico– cambia el modo en que escuchas un relato. Dependiendo de quién seas, puedes incluso cambiar el significado de una historia.

LOS "PRIMEROS OYENTES"

Por esa razón, debemos aprender lo más posible sobre aquellas personas que escucharon las narraciones de la Biblia cuando fueron contadas por primea vez. Llamamos a esas personas los "primeros oyentes". ¿Cómo era su vida? ¿Qué esperaban? ¿Cuáles eran sus dificultades? ¿Qué les preocupaba? Si logramos saber quiénes eran –al igual que cuando llegamos a conocer a un amigo después de un tiempo– entonces vamos a entender mejor lo que una determinada historia significaba para ellos.

PODEMOS AGUDIZAR NUESTRA CAPACIDAD DE ESCUCHA, DE MODO QUE LOGREMOS ESCUCHAR LA PALABRA, EMPEZANDO POR EL TEXTO QUE VEMOS EN LA PÁGINA.

Mucha gente en la actualidad está buscando y estudiando a sus antepasados y su historia familiar. Heredamos mucho de quienes nos preceden. Conocerlos puede ayudarnos a saber más sobre nosotros mismos, sobre quiénes somos. Conocer el contexto en que vivieron los primeros oyentes de los libros y relatos de la Biblia nos ayuda a entender mejor el significado que tienen para nosotros.

Voy a dar un ejemplo de cómo nos ayuda conocer el contexto histórico de los primeros oyentes. Se trata de una de las parábolas predicadas por Jesús. El Señor quería dar a la gente una idea de lo que era el reino de Dios y dijo: "El reino de Dios es semejante a un grano de mostaza..."

Es algo que nos puede sonar extraño, pero ¿qué significado tuvo para las mujeres y los hombres que escucharon a Jesús en aquel momento? En la época de Jesús, estaba prohibido plantar mostaza en los jardines judíos. Puedes imaginar la reacción de la gente cuando Jesús comparó el reino de Dios con una pequeña semilla de mostaza prohibida. Debió ser algo muy fuerte para ellos.

¿Por qué dijo eso Jesús? Lo hizo para que la gente reflexionara en lo que llamaban bien y mal. ¿De verdad estaban todas sus leyes en línea con la ley de Dios? Al usar la imagen de la semilla de mostaza, la parábola se convirtió en un provocación. Esto nunca lo sabríamos si no conociéramos la vida y la cultura de los "primeros oyentes".

LA BIBLIA TIENE LA INTENCIÓN DE FORMAR PARTE DE NOSOTROS

Solemos acudir a Dios cuando las cosas van mal; sin embargo, incluso cuando nos encontramos en la mejor de las situaciones, Dios continúa invitándonos a reflexionar y crecer. Alguien muy sabio dijo: "La Biblia a menudo se utiliza para consolar a los afligidos; pero puede ser usada también para cuestionar los momentos de prosperidad". No importa si los tiempos son buenos o malos: Dios siempre puede hablarte a través de la Biblia.

De hecho, todo lo que leemos en la Biblia tiene un significado, pero ¿de verdad todo tiene que ver con nosotros? Sí. Tiene un significado para nosotros, para nuestra familia, para nuestra comunidad e incluso, para el mundo. El mensaje que estamos buscando es en el que hemos de centrarnos.

Eso es lo importante, el mensaje o enseñanza que puedo tomar para mí. No se trata solamente de "conocer" algo; el mensaje de la Biblia tiene la intención de formar parte de nosotros, de que lo tomemos en serio y lo conservemos celosamente en nuestros corazones.

Entonces, ¿cómo lo encontramos? Ve al inicio del Evangelio de Juan. Ahí se proclama que Jesús es la "luz del mundo", una luz que ninguna obscuridad puede opacar. Al escuchar esto, podemos hacernos las siguientes preguntas:

- ¿De qué manera Jesús es luz para mí?
- ¿De qué manera es luz para nosotros y para nuestro mundo?
- ¿En qué momento el mundo ve esta luz?
- ¿En qué momento yo –o mis amigos o mi familia– veo o siento a Jesús, la luz?
- ¿Cómo lo reconozco?
- ¿Cuál es la oscuridad que amenaza esta luz, para mí o para nosotros o para nuestro mundo?

Por último, cuando eras pequeño, ¿tuviste un libro de cuentos favorito que querías escuchar una y otra vez? O en estos últimos años, ¿hubo alguna canción que te gustara tanto que la escuchaste durante meses y que, aun cuando no la escuchabas parecía seguir sonando en tu mente? Es curioso notar que, cuando se lee o escucha algo una y otra vez, con el tiempo se descubren cosas nuevas o se entiende de diferente forma, dependiendo de lo que esté sucediendo en ese momento en tu vida. Lo mismo puede decirse de la Biblia: cada vez que la lees o la escuchas, la entiendes más profundamente.

Una vez que descubrimos un mensaje para nosotros en la Biblia –lo que nos quiere decir en este momento–, hemos de encontrar qué es lo que debemos hacer con ese mensaje. Necesitamos pasar a las obras.

¿Qué exige de nosotros la Biblia o algún pasaje en particular? Es algo muy importante y es algo que a menudo pasamos por alto, precisamente porque es exigente. Debemos responder creciendo espiritualmente, para ser ese "fruto" del que tan a menudo se nos habla en la Biblia.

Practiquemos con el pasaje de "la luz del mundo". Podemos preguntarnos:

- ¿Cómo estoy? ¿Cómo estamos? ¿Cómo está llamado nuestro mundo a vivir en la luz de Cristo, a fin de reflejar esa luz?
- ¿Para ser esa luz?
- La respuesta de cada uno de nosotros será distinta cada día.

La Biblia nos ayuda a responder a Dios en nuestra mente, en nuestro corazón y en nuestro cuerpo. Escuchamos y leemos atentamente, pensamos en lo que significaba para los primeros oyentes y dejamos que penetre, tocando nuestros corazones. Dejamos que lo escuchado o leído guíe nuestras palabras y acciones.

Conclusión

Vivimos en un mundo complicado y ocupado y, como es natural, llevamos una vida también complicada y ocupada.

La Biblia, aunque escrita en diferentes tiempos, lugares y culturas, tiene un mensaje y una luz para nosotros. Lo más importante a considerar es que la Biblia –inspirada por Dios– nos lleva a una relación más profunda con el Señor y nos muestra cómo debemos vivir las personas bautizadas en Cristo.

Todo lo que tenemos que hacer es leer la palabra de Dios y escuchar con el corazón. Todos y cada uno de nosotros necesitamos excavar en el significado de la Biblia para que podamos encontrar el mensaje profundo para nuestra vida en Cristo.